Cinzia Onnis

Ziele der Informatik

GRIN Verlag

Bibliografische Information der Deutschen Nationalbibliothek:

Die Deutsche Bibliothek verzeichnet diese Publikation in der Deutschen National-
bibliografie; detaillierte bibliografische Daten sind im Internet über http://dnb.d-
nb.de/ abrufbar.

Impressum:

Copyright © 2003 GRIN Verlag GmbH
Druck und Bindung: Books on Demand GmbH, Norderstedt Germany
ISBN: 978-3-638-77141-2

Dieses Buch bei GRIN:

http://www.grin.com/de/e-book/16190/ziele-der-informatik

GRIN - Your knowledge has value

Der GRIN Verlag publiziert seit 1998 wissenschaftliche Arbeiten von Studenten, Hochschullehrern und anderen Akademikern als eBook und gedrucktes Buch. Die Verlagswebsite www.grin.com ist die ideale Plattform zur Veröffentlichung von Hausarbeiten, Abschlussarbeiten, wissenschaftlichen Aufsätzen, Dissertationen und Fachbüchern.

Besuchen Sie uns im Internet:

http://www.grin.com/

http://www.facebook.com/grincom

http://www.twitter.com/grin_com

Technische Universität Darmstadt

Institut für Informatik

Seminar : Fachdidaktik der Informatik

Im SS 2003

Thema der Seminararbeit:

Ziele der Informatik

(27.05.2003)

Referentin: Cinzia Onnis

Studiengang: LAB Chemietechnik/ Informatik

Inhaltsverzeichnis

1. Einleitung

In dieser Hausarbeit sollen die Ziele der Informatik (bzw. des Informatikunterrichtes) näher beleuchtet und intensiver betrachtet werden, als dies im Referat erfolgt ist. Da die Referatszeit sehr knapp gehalten war, wurden dort nur die wichtigsten Details besprochen und erörtert. Dieses hatte sowohl pädagogische als auch motivierende Gründe.

Diese Hausarbeit soll jetzt eine Vertiefung sowie einen Gesamtüberblick über die Informatik und der Informatiksysteme im Wandel der Zeit geben.

Daher bedarf es einer begrifflichen Differenzierung zwischen der Information als solche und der Informatik im heutigen Sinne.

Anschließend soll der geschichtliche Verlauf kurz skizziert und die Ansätze der Informatik im Schulverband erläutert werden.

Zum Schluss werden die gesetzlichen Aufgaben der Schulen, der Bildungswert und die Lernziele besprochen.

2. Was versteht man unter dem Begriff der Informatik?

Unter dem Begriff der Information versteht Baumann(1996) folgendes:

„(...) wird der (sprecher- und darstellungsinvariante) Inhalt einer Nachricht verstanden, welcher das Wissen des Empfängers erweitert."[1]

Dabei wird das eigene bestehende Wissen mit neuen Informationen überprüft. Decken oder ergänzen sich diese Informationen so werden diese gespeichert und als neues Wissen angesehen oder verwendet.

Aus dem Begriff der Information, die in der Gesellschaft in einem ständigen Austausch einhergeht, leitet sich u.a. die Informatik ab.

Was versteht man jedoch unter dem Begriff der Informatik?

Der Duden „Angewandte Informatik-Basiswissen Schule"(2001) gibt folgenden Erklärungsansatz:

„Die Informatik ist die Wissenschaft von der automatischen Informationsverarbeitung. Die Informatik befasst sich mit den Gesetzmäßigkeiten und Prinzipien informationsverarbeitender Prozesse und ihrer algorithmischen Realisierung mithilfe automatisierter Informationsverarbeitungssysteme. Dabei müssen informations-

---

[1] vgl. Baumann (1996), S.156

verarbeitende Prozesse in „computerverständlicher" Form beschrieben werden und entsprechende Mittel entworfen werden, damit solche „Programme" abgearbeitet werden können."[2]

Baumann[3] weist daraufhin das Informationssysteme in der Literatur eine Unterkategorie der Informatiksysteme(DV-Systeme) darstellt.

Die Informatik wird ferner in vier Teilgebiete untergliedert:

- a) Theoretische Informatik
- b) Technische Informatik
- c) Praktische Informatik
- d) Angewandte Informatik

a) Die Theoretische Informatik ist ein Teilgebiet der Informatik und befasst sich mit den mathematischen Grundlagen der Informatik, ihrer Darstellung und untersucht ihre effiziente Verarbeitung.

b) Sie beschäftigt sich mit der technischen Realisierung der Informationsverarbeitung.

c) Die Praktische Informatik stellt hingegen die Mittel zur Auswertung von Informationsdarstellungen. Beispiele hierfür wären die Formalisierung eines Problems oder die Programmierung.

d) Die Angewandte Informatik, steht im engen Kommunikationsaustausch mit der Gesellschaft. Da sie die Problemfelder für den Einsatz informationsverarbeitender Technik aufschließt und Anwendungsprogramme bereitstellt, beeinflusst diese vor allem den sozialen und kulturellen Charakter einer Gesellschaft.

3. Informatik im Wandel der Zeit

Um die Entwicklung in der Gesellschaft und des Informatikunterrichts besser zu verstehen, bedarf es einen Einblick in den geschichtlichen Hintergrund.

Seit den letzten zwanzig Jahren floriert die Computer-Industrie und bringt fortlaufend neue Technologien auf den Markt. Die Computer werden immer schneller und besser und das zeichnet sich auch auf die Gesellschaft aus.

Während früher eine Berufsausbildung genügte und Tugenden wie z.B. die Loyalität zum Arbeitgeber als „stilles Gesetz" galten, ist dieses heute nicht mehr erwünscht.

Arbeitnehmer sollen flexibler werden, ständige Umzüge in Kauf nehmen und wechselnde

---

[2] vgl. Angewandte Informatik-Basiswissen Schule (2001), S. 6
[3] vgl. Baumann (1996), S. 164

Arbeitgeber als Aufstiegschancen betrachten. Fakt ist, dass seit der industriellen Revolution ein Misstrauen gegenüber Arbeitnehmern besteht. Maschinen erfüllen den selben Zweck und sind dabei effizienter und auf Dauer kostengünstiger. Trotzdem ist es in vielen Bereichen noch nicht möglich den Menschen ganz zu ersetzen, auch wenn dies häufig versucht wird. Ein Beispiel ist Weizenbaums ELIZA. Der erste Versuch einen Psychologen durch ein Computerprogramm zu ersetzen.

Man sollte jedoch das Ganze auch von der positiven Seite betrachten, durch die Technologien der Computerindustrien kann man heute z.b. auch viele Menschen heilen oder helfen. Außerdem ist körperliche Arbeit nicht mehr so anstrengend wie früher, da schwere Lasten von Kräne gehoben werden. Das Krankheitsrisiko sinkt daher auch gewaltig.

Im Informatikunterricht sollte daher auch die Ethik der Informatik beinhalten, da diese vielen Menschen nicht bewusst ist.

3.1 Geschichts- und gesellschaftlicher Wandel

Die Entstehungsgeschichte reicht bis in das Altertum. Dort galt der Abakus, als Hilfsmittel zur Berechnung der vier Grundrechenarten.

Richtet man seinen Blick in unsere Zeit, so kann man seit den 50er Jahren verschiedene Generationen zur Entwicklung von neuen Rechnertechnologien beobachten.

[4]

1. Generation (bis Ende der 50er Jahre)	Elektronenröhren als Schaltelemente (etwa 1000 Additonen pro Sekunde)
2. Generation (bis Ende der 60er Jahre)	Halbleiterschaltkreise (Transistoren, Dioden) (etwa 10.000 Additionen pro Sekunde)
3. Generation (seit Mitte der 60er Jahre)	Teilweise integrierte Schaltkreise (etwa 500.000 Additionen pro Sekunde)
4. Generation (seit Anfang der 70er Jahre)	Überwiegend hochintegrierte Schaltkreise (etwa 10.000.000 Additionen pro Sekunde)
5. Generation (seit Anfang der 80er Jahre)	Höchstintegrierte Schaltungen, mehrere Prozessoren auf einem Chip

---

[4] vgl. http://www.if.fh-landshut.de/fbi/informatik.html

Diese Tabelle wird fortlaufend erneuert und aktualisiert. Wir dürften uns momentan in der siebten oder achten Generation befinden, wenn man sich die Entwicklung bis zur 5. Generation näher betrachtet.

Genauso wie beim Rechnerfortschritt, gab es auch einen gesellschaftlichen Wandel. Dadurch dass heutzutage vieles durch den Computer einfacher geworden ist, wie z.B. eMail senden statt eines Briefes, Einkaufen per Internet, Internetrecherche statt Bücherei usw., ist es erforderlich, dass jedem ein Computer zugänglich ist, und er mit diesem sinnvoll arbeiten kann. Die schulische Aufgabe versteht sich darin, mögliche Risiken aufzuweisen und das Interagieren mit dem Computer mit den Schülern zu reflektieren.

3.2 Schulischer Verlauf

Es gab und gibt bis heute noch viele verschiedene Ansätze Informatikunterricht zu erteilen. Hubwieser setzt diese Anfänge des informatischen Unterrichts in die späten 60er Jahre. Durch die Mondlandung der Amerikaner im Jahre 1969, wurde die Informatik in der Gesellschaft anerkannt und der Wunsch nach dieser Bildung geäußert. Das Fach nannte sich zu dieser Zeit noch nicht Informatik sondern „Rechnerkunde". Ziele dieses Unterrichts war, mathematisch-technische Grundlagen der Datenverarbeitung zu vermitteln. Dabei war die Hardware der Ausgangspunkt für diesen Unterricht.

Durch die Entwicklungen in dieser Zeit, kam es jedoch schnell zu Kritik[5], da ein bleibender Betrag für die Allgemeinbildung nicht ersichtlich wurde.

Neben dem Hardware – Ansatz gab es weitere Ansätze, wie z.B. der lebenspraktische Orientierungsansatz (späte 80er Jahre) sowie der algorithmische Ansatz (ab 1990). Seit Mitte der 70er Jahren wurde die Informatik als wissenschaftliche Disziplin anerkannt. Aufgrund dieser Tatsache konnten sich weitere Ansätze erst entwickeln.

Der algorithmische Ansatz hatte das wesentliche Ziel, Lösungen der Problemstellungen der Informatik unter soziokulturellen und psychologischen Aspekten zu betrachten. Dabei sollten neben den algorithmischen Grundlagen, das Gelernte auf praxisorientierte Probleme vertieft werden. Außerdem sollte eine Sensibilisierung über die Auswirkungen der elektronischen Datenverarbeitung erfolgen.

---

[5] vgl. Brauer und Brauer (1973)

Dieser Ansatz untergliedert sich in drei Ebenen:

    a) die problembezogene Ebene

    b) die modellbezogene Ebene

    c) die informationsbezogene Ebene

Bei der Software– Erstellung sollte dabei das Top- Down- Verfahren verwendet werden (a-c), und in der Programmbenutzung das Bottom- up- Verfahren (c-a).

Beim lebenspraktischen Orientierungsansatz hingegen wurde auf die Programmierung verzichtet. Vordergründige Ziele aus diesem Ansatz waren die Stärkung der Allgemeinbildung, eine Qualifizierung zum rationalen Umgang mit den Informations- und Kommunikationstechnologien (IuK) und das Abwägen gegenüber Anwendungen in ihrer Leitungsmöglichkeit sowie ihrer Auswirkungen.

4. Gesetzliche Aufgaben der Schule

Die Schule hat nun die Aufgabe, aus den verschiedenen Ansätzen einen sinnvollen Lehrplan zu erstellen. Dafür bedarf es einer Differenzierung der verschiedenen Schulzweige. Einen Gymnasiasten muss man auf ein weiterführendes Studium vorbereiten, einen Berufsschüler auf seinen zukünftigen Arbeitsplatz.

Aus einem Auszug aus dem Bayrischen Erziehungs- und Unterrichtsgesetzes (BayEUG) soll vermittelt werden, was die Schule im Allgemeinen zu leisten hat.

„... zu selbständigem Urteil und eigenverantwortlichen Handeln zu befähigen,... erschließen den Schülern das überlieferte und bewährte Bildungsgut und machen sich mit neuen vertraut"[6]

Die Allgemeinbildung spielt hier eine wichtige Rolle. Schüler sollen selbstständig entscheiden können, was für sie und die Gesellschaft gut ist. Daher ist es wichtig einen praktischen Bezug auf den Alltag zu vermitteln, der ihnen das bewusst macht. Das gilt nicht nur für den Informatik-Unterricht sondern allgemein auf den Unterricht. Im nachfolgenden Kapitel soll nun der Bildungswert der Informatik in verschiedenen Schulzweigen erörtert werden.

---

[6] Auszug aus BayEUG, Art. 2, vgl. Hubwieser (2001), S.54

4.1 Bildungswert der Informatik nach Hubwieser[7]

Der allgemein bildende Wert der Informatik soll auf die zukünftige Lebenssituation vorbereiten, eine Stiftung kulturelle Kohärenz sowie den Aufbau eines Weltbildes fördern und eine Anleitung zum kritischen Vernunftgebrauch geben.

Abiturienten und Berufsschüler sollen vorbereitet werden auf ihren späteren Beruf. Während Abiturienten diese Berufsvorbereitung im Sinne einer beruflichen Ausbildung außerhalb der Hochschule stattfinden soll, sind es bei beruflichen Schulen die fachspezifische Kenntnisse. Dabei versteht sich die informatische Bildung als Werkzeug der Informationssysteme und die Daten und Informationen als Rohstoff.

Ohne die Kenntnisse über die Grundlagen lässt es sich nur schwer bewerkstelligen Probleme zu lösen und andererseits bedarf es neuer Daten und Informationen um etwas weiter zu entwickeln. Hubwieser definiert eine fachgerechte Informatikausbildung wie folgt:

„In einer fachgerechten Informatikausbildung,, die über die bloße Allgemeinbildung hinausgeht, müsste man demnach Anwendungen, Strukturen, Grenzen, Kosten, Alternativen und Auswirkungen der Verarbeitung von Informationen durch Informatiksysteme eingehend behandeln."[8]

Die allgemeine Studienvorbereitung hingegen soll sich mehr mit der Beschreibung und Lösen von Problemen, der Beschaffung und Darstellung von Informationen sowie mit der Beherrschung und effizienter Nutzung von Informatiksystemen beschäftigen.

Betrachtet man alle diese Punkte für sich, so muss man sich bewusst sein, dass es nicht möglich ist in der kurzen Schul-/Lehrzeit diese ganzen Inhalte zu vermitteln.

Der Informatikunterricht in der Schule muss sich immer wieder durchsetzen und vergleicht man wie viel Informatik man beigebracht bekommt ist dieses Ergebnis erschreckend.

In dem gehaltenen Referat fand eine Metaplan-Befragung statt, die die Inhalte des Informatikunterrichts in den Schuljahren der Kommilitonen wiederspiegeln sollte. Dabei waren Meldungen wie „nix" gefallen, die das Image der informatischen Bildung negativ darstellen lassen. Ein großer Teil hat Programmiersprachen wie Delphi oder Pascal im Unterricht erlebt, aber von den oben behandelten Punkten, scheint keiner der damaligen Informatiklehrer im Stande gewesen zu sein, diese zu unterrichten. Daher ist es nicht verwunderlich, dass trotz der großen und breiten Entwicklung der IuK-Technologien, kein geregelter Informatikunterricht stattfindet.

---

[7] vgl. Hubwieser (2001), S.57 ff.
[8] vgl. Hubwieser (2001), S. 65ff

4.2 Lernziele des Informatikunterrichts nach Baumann[9]

Baumann hat eine andere Aufteilung als Hubwieser und der Vollständigkeit halber, soll diese
hier besprochen werden.

In seinem Buch „Didaktik der Informatik" erklärt er im Kapitel 11 zunächst einmal, was man
unter Unterrichtsziele(Lehrziele) zu versteht hat.

„Unterrichtsziele sind finale Aufforderungen zum didaktischen Handeln."[10] Dabei werden die
Unterrichtsziele in vier Kategorien eingeteilt.

a) Bildungsziele

b) Richtziele

c) Groblernziele

d) Feinlernziele

Die erste Kategorie, nämlich die Bildungsziele sollen einen bleibenden Wert zur
Allgemeinbildung beitragen. Da man diese Aufgabe nicht nur einen Fach zuordnen kann,
sollte dieses Ziel an erste Stelle stehen und fächerübergreifend betrieben werden.

Die Ziele unter b) – d) sind Lernzielen verschiedener Ordnungen zuzuordnen. Abfolgend von
den Lernzielen erster bis dritter Ordnung.

Die Richtziele sind demnach nach den Bildungsziele die obersten Ziele die ein Lehrer zu
absolvieren hat.

Die Bund-Länder-Kommission für Forschungsförderung und Bildungsplanung zur „vertieften
informationstechnischen Bildung hat ein Gesamtkonzept für die informationstechnische
Bildung herausgegeben.

Demnach sollten folgende Richtziele eingehalten und behandelt werden:[11]

➢ Behandlung der Wirkungsweise, Leistungsfähigkeit und Leistungsgrenzen von
Computern

➢ Vermittlung von Problemlösungsmethoden

➢ Vermittlung von Kenntnissen bestimmter Programmiersprachen

➢ Behandlung des strukturierten Programmierens und der Datenstrukturen

---

[9] vgl. Baumann (1996), S.168ff
[10] vgl. Baumann (1996), S.168
[11] vgl. Baumann (1996), S. 170

> Einsatz von Computern für Berechnungen, zur Erstellung von Grafiken und zur
>   Simulation von Verfahren
> Erörterung von Prozesssteuerung durch Mikroprozessoren

Unter den Groblernzielen sind die langfristigen Unterrichtsziele (Monate, Jahre) gemeint,
während die Feinlernziele auf Unterrichtsstunden oder Unterrichtseinheiten basieren.

5. Abschließende Betrachtung der Ziele der Informatik

Wie man in dieser Hausarbeit sehen konnte, gibt es verschiedene Ansätze zu den Zielen
der Informatik. Zum einen gibt es die früheren Ziele, die ihren Schwerpunkt auf die
Hardware und den Algorithmen legen und zum anderen die aktuellen Ziele, die ihren
Schwerpunkt mehr auf die Software und die Ethik der Informatik sehen.

Als werdender Informatiklehrer sollte man deshalb versuchen eine gesunde Mischung aus
beiden in seinen Unterricht einfließen zu lassen sowie die weitere Entwicklung der
Rechnertechnologie weiterhin verfolgen und sinnvoll im Unterricht anwenden. Das sollte
selbst bei den starren Lehrplänen der Gymnasialklassen möglich sein, da ja wenigstens ein
Drittel des Schuljahres zur freien Verfügung steht.

Man sollte klare Vorstellungen über seinen Informatikunterricht haben und dies seinen
Schülern auch vermitteln. Dann lässt sich der Inhalt des nachfolgenden Zitat vielleicht in
Zukunft hoffentlich vermeiden.

„Leider wird im schulischen Umfeld der Begriff der Informatik häufig für jede Art der
Beschäftigung mit den Computer missbraucht."[12]

---

[12] vgl. Hubwieser (2001), S. 48

6. Literaturverzeichnis

- Didaktik der Informatik. Grundlagen, Konzepte, Beispiele (Springer-Lehrbuch) von Peter Hubwieser , Springer-Verlag Berlin Heidelberg (27. März 2001)
- Didaktik der Informatik von Rüdeger Baumann , Klett Schulbuch, Stuttgart. (1996), Gebundene Ausgabe
- Duden: Angewandte Informatik-Basiswissen Schule , (Hrsg.) Dr. Lutz Engelmann, paretec Gesellschaft für Bildung und Technik mbh Berlin und Bibliographisches Institut & F.A. Brockhaus AG Mannheim (2001)
- Neues Universallexikon in Farbe, (Hrsg.) Ilse Hell, Compact Verlag, München (2002)
- http://www.if.fh-landshut.de/fbi/informatik.html

7. Weiterführende Links

- www.schuelerlexikon.de (Zugangskennwort : Datum)
- www.compactverlag.de
- http://www.sembs.rv.bw.schule.de/it/index.htm
- http://paedpsych.jk.uni-linz.ac.at/INTERNET/ARBEITSBLAETTERORD/ArbeitsblaetterLehren.html

8. Anhang

   8.1 Präsentation

Geschichte der Informatik

- Die Mondlandung im Jahr 1969

- Zuse

- 5 Generationen der Entwicklung

Entwicklung in der Schule

- Erste Ansätze in den frühen 70er Jahren „Rechnerkunde"
- Probleme und das Scheitern (Krise in den 80er Jahren)
- Neuansatz in den frühen 90er Jahren

Frühere Ziele der Informatik

2.1 Algorithmik

$$(a+b)+ c = (a + c) + b = (b+ c) + a$$

Frühere Ziele der Informatik II

2.2 Aufbau eines Rechners

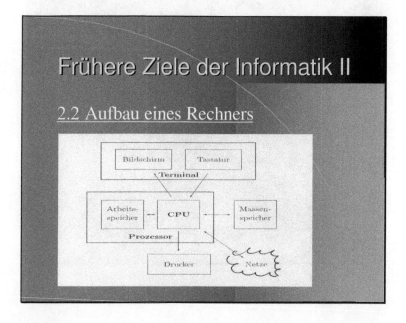

Frühere Ziele der Informatik III

2.3 Programmierung

```
class HelloWorld {
public static void main (String[]args){
System.out.println („Hello World");
}
}
```

Aufgabenstellung

Schreibt bitte auf die Karteikarten welche
Inhalte der Informatik Ihr in Eurer Schulzeit
behandelt habt.

Anmerkung: BITTE GROß SCHREIBEN!!!

Frühere Ziele der Informatik IV

Mein alter Stundenplan:

11. Klasse	Delphi
12. Klasse	--------
13. Klasse	--------
14. Klasse	Excel/Algorithmik

Aktuelle Ziele der Informatik I

3.1 Problemlösung/als Lernhilfe

- Top-down-Verfahren
- Buttom-up-Verfahren
- Zur Referatsvorbereitung
- Anwendung im Alltagsbereich
- Beschaffung von Informationen aus dem Internet

Aktuelle Ziele der Informatik II

3.2 Anwendung

- Aufgabenstellung soll im Mittelpunkt stehen nicht die Programmstruktur.

- Bsp.: Einführung in Excel

Aktuelle Ziele der Informatik III

3.3 Grundlagen der Informatik

- Technik im Wandel der Gesellschaft
- Funktionsweise eines Rechners sowie seine Grenzen
- Computer als Medienhilfsmittel verständlich machen

Gesetzliche Aufgaben der Schule

Auszug aus BayEUG:

Allgemeinbildung Art. 2 verlangt als Ziel aller allgemein bildenden Schulen u.a.:

„ ... Zu selbstständigen Urteil und eigenverantwortlichen Handeln zu befähigen, ... erschließen den Schülern das überlieferte und bewährte Bildungsgut und machen sie mit neuen vertraut."

Danke für Eure Aufmerksamkeit

INHALTSVERZEICHNIS

TABELLENVERZEICHNIS

ABBILDUNGSVERZEICHNIS

ABKÜRZUNGSVERZEICHNIS

BBC	Byte-aligned bitmap compression
CPU	Central Processing Unit
DBMS	Database Management System
DSS	Decision Support System
DWH	Data Warehouse
I/O	Input / Output
MIS	Management Information Systems
OLAP	Online Analytical Processing
OLTP	Online Transaction Processing
RAM	Random Access Memory
RDBMS	Relational Database Management System
ROLAP	Relational Online Analytical Processing
SQL	Structured Query Language
WAH	Word aligned hybrid code

KURZFASSUNG

Für das schnelle Auffinden von Daten in einer Datenbank werden Indizes verwendet. Heutzutage unterstützen einige Datenbanken, unter anderem Oracle und DB2, die Verwendung von Bitmap Indizes. Im Gegensatz zu B-Tree Indizes sind sie vor allem für Spalten geringer Kardinalität und für multidimensionale Abfragen geeignet. Speziell durch die Verbreitung von Data Warehouses und die Notwendigkeit, statistische Auswertungen über große Datenmengen durchzuführen, gewinnen Bitmap Indizes an Bedeutung.

Ziel dieser Arbeit ist es, Bitmap Indizes näher zu beleuchten und mit den traditionellen B-Tree Indizes zu vergleichen. Es wird herausgearbeitet, unter welchen Umständen der Einsatz von Bitmap Indizes Vorteile bringt und wann von ihrer Verwendung abgesehen werden sollte.

Nach einer kurzen Einführung in die Thematik, werden B-Tree Indizierung und Bitmap Indizierung vorgestellt und in einer Fallstudie anhand einer Oracle Beispieldatenbank praktisch gegenübergestellt.

Bitmap Indizes überzeugen durch ihre kompakte Größe und bieten Geschwindigkeitsvorteile bei einer Vielzahl komplexer Abfragen über große Datenmengen hinweg. Sie können nicht nur für Attribute mit sehr kleiner Kardinalität, sondern durchaus auch für Attribute mittlerer bis höherer Kardinalität effizient eingesetzt werden.

Die größten Performance-Verbesserungen bieten Bitmap Indizes bei der Beantwortung komplexer Kombinationen, wenn die resultierende Selektivität so hoch ist, dass nur noch wenige Datensätze tatsächlich betrachtet werden müssen.

ABSTRACT

Indexes are used to locate data records in a database in a quick way indexes are used. Nowadays several databases, like Oracle and DB2, do support the use of bitmap indexes. Unlike B-tree indexes they are especially suitable for columns with low cardinality and for multidimensional queries. Because of the spread of data warehouses and the need to make complex statistical analysis over large sets of data, bitmap indexes gain in importance.

The goal of this paper is to have a closer look on bitmap indexes and compare them to traditional B-tree indexes. It will be demonstrated under which conditions the use of bitmap indexes will help to gain advantages and when someone should abandon using it.

After a short introduction of the topic, b-tree indexes and bitmap indexes will be presented and practically compared on the basis of an example database implemented in Oracle.

Bitmap Indexes convince because of their compact size and provide speed advantages in numerous complex queries on large sets of data. They can not only be used for attributes with very low cardinality but can also be used efficiently for attributes with medium or higher cardinality.

The biggest performance improvements are provided executing complex queries, when the resulting selectivity is that high, that only very few data records actually have to be read.

1 EINLEITUNG

Für das schnelle Auffinden von Daten in einer Datenbank werden Indizes verwendet. Traditionelle B-Tree Indizes sind allerdings nicht zwangsläufig die beste Wahl und werden bei sinkender Selektivität ineffizienter. Model 204 setzte als erste kommerzielle Datenbank bereits in den 80er-Jahren eine Art Bitmap Index ein[1]. Heutzutage unterstützen auch weitere Datenbanken, unter anderem Oracle und DB2, die Verwendung von Bitmap Indizes. Im Gegensatz zu B-Tree Indizes sind sie vor allem für Spalten geringer Kardinalität und für multidimensionale Abfragen geeignet. Speziell durch die Verbreitung von Data Warehouses (DWH) und die Notwendigkeit komplexe statistische Auswertungen über große Datenmengen durchzuführen gewinnen Bitmap Indizes an Bedeutung.

Ziel dieser Arbeit ist es, Bitmap Indizes näher zu beleuchten und mit den traditionellen B-Tree Indizes zu vergleichen. Es wird herausgearbeitet, unter welchen Umständen der Einsatz von Bitmap Indizes Vorteile bringt und wann von ihrer Verwendung abgesehen werden sollte.

Im Folgenden wird mit einer Einführung in die Thematik der Indizierung und einer Erläuterung der Begriffe OLTP (Online Transaction Processing) und OLAP (Online Analytical Processing) begonnen. Anschließend werden die Indizierungsmöglichkeiten der B-Tree Indizierung und Bitmap Indizierung vorgestellt. Mit einer Fallstudie zum praktischen Vergleich der Indizierungsarten anhand einer Oracle Beispieldatenbank stellt Kapitel 5 das Kernstück dieser Arbeit dar. Abgerundet wird die vorliegende Bachelorarbeit mit einer Zusammenfassung und kritischen Diskussion der theoretischen und praktischen Erkenntnisse und einem abschließendem Fazit.

---

[1] vgl. O'Neil, 1987

1.1 Notwendigkeit von Indizes

Computer Hardware wurde in den letzten Jahrzehnten kontinuierlich schneller und billiger. Allerdings konnte die Entwicklung der Festplatten nicht mit der Entwicklung der Prozessoren mithalten. Der Lesekopf einer Festplatte muss in Position gebracht werden, dann wird gewartet bis die rotierende Platte an der richtigen Position ist und erst dann können Daten gelesen oder geschrieben werden. Aus Performance-Gründen ist es das Ziel einer Datenbank diese mechanischen Zugriffe auf ein Minimum zu beschränken.[2]

Um Datensätze einer Datenbank aufzufinden und auszulesen, gibt es verschiedene Ansätze. Der Full Table Scan, das sequentielle Durchsuchen aller Datensätze, ist der Worst Case und steht immer zur Verfügung. Dieser ist bei großen Datenmengen sehr zeitintensiv, da alle Datensätze einer Tabelle, egal ob benötigt oder nicht, von der Festplatte gelesen werden müssen.

Um nicht auf alle Datensätze zugreifen zu müssen, gibt es verschiedene Techniken der Indizierung. Dazu existiert eine von der Datenstruktur getrennt gehaltene Indexstruktur mit sortierten Attributen und Zeigern auf die entsprechenden Datensätze. Es kann nun im Vergleich zum Full Table Scan wesentlich zeiteffizienter in der Indexstruktur gesucht werden und Zugriffe auf die Festplatte werden reduziert.[3]

Allerdings ist es nicht zwingend sinnvoll, für jedes Attribut einen Index anzulegen. Der Index selber belegt ebenfalls Speicherplatz, und zusätzlich muss er bei Änderungen in der Datenbank aktualisiert werden. Diese Pflege des Index wirkt sich demzufolge beim Hinzufügen, Löschen oder Ändern von Datensätzen negativ auf die Performance aus. Es liegt also in der Verantwortung des Datenbankdesigners abzuwägen, für welche Spalten die Verwendung von Indizes angebracht ist und für welche nicht.[4]

---

[2] vgl. O'Neil;O'Neil, 2001, S.470f
[3] vgl. Geisler, 2006, S.121
[4] vgl. Geisler, 2006, S.122

1.2 OLAP vs. OLTP

Bei einer traditionellen OLTP Datenbank werden Daten fortlaufend durch Transaktionen verändert. Diese Transaktionen müssen die vier Eigenschaften Atomarität, Konsistenz, Isolation und Dauerhaftigkeit aufweisen. DSS (Decision Support Systems) oder MIS (Management Information Systems) erstellen häufig Berichte indem sie Daten lesen, gruppieren und aufsummieren. Die Möglichkeit mit einem DSS auf die operative OLTP Datenbank zuzugreifen hat den Vorteil nur eine Datenbank verwalten zu müssen, wodurch der administrative Aufwand gering bleibt. Das DSS kann allerdings in diesem Fall nur auf die aktuellen Daten zugreifen was historische Analysen verhindert. Weiters ist eine OLTP Datenbank für Transaktionen im Mehrbenutzerbetrieb optimiert, was auch das Sperren betroffener Datensätze beinhaltet. Da analytische Abfragen oft sehr viele Datensätze betreffen, verringern diese die Gesamtperformance der operativen Datenbank. Um diese Probleme zu umgehen, wird häufig die Datenbank für das DSS von der operationalen Datenbank physikalisch getrennt[5]. Die Datenbank für das DSS wird Data Warehouse genannt und von Inmon und Jürgens[6] wie folgt definiert:

- Subject oriented (Themenorientiert): Das Ziel der Daten in einem Data Warehouse ist es, die Entscheidungsfindung, Planung und Kontrolle zu verbessern. Im Gegensatz dazu sind OLTP-Anwendungen dafür ausgelegt Arbeitsabläufe zu unterstützen.

- Integrated (Vereinheitlichung): Die Daten eines Data Warehouses werden von unterschiedlichen Quellen, welche die Daten in verschiedenen Formaten speichern, geladen. Sie müssen überprüft, bereinigt und in ein einheitliches Format transformiert werden, um schnellen Zugriff zu gewährleisten.

- Time variant (Zeitorientierung): In OLTP-Anwendungen werden die aktuellen Daten zum Zeitpunkt des Zugriffs abgefragt. In einem Data Warehouse werden Daten in definierten periodischen Abständen aktualisiert, dadurch entsprechen die Daten dem Stand der letzten Aktualisierung.

---

[5] vgl. Jürgens, 2002, S.5ff
[6] Inmon, 2002, S.33 und Jürgens, 2002, S.7

- Non-volatile (Beständigkeit): Nach dem Einfügen der Daten in das Data Warehouse werden Daten weder verändert noch gelöscht. Die einzigen Ausnahmen sind, wenn falsche Daten eingetragen wurden oder die Kapazitätsgrenzen des Data Warehouses erreicht werden und eine Archivierung notwendig wird.

Anwendungen wie DSS oder MIS, welche Data Warehouses benutzen, werden OLAP-Anwendungen genannt. OLAP-Anwendungen werden typischerweise mit einem RDBMS (Relational Database Management System) umgesetzt, da diese Technologie gut verstanden wird und in der Lage ist große Datenmengen zu verwalten. OLAP-Anwendungen welche auf RDBMS basieren, werden auch ROLAP (Relational Online Analytical Processing) genannt.

Bei OLTP-Anwendungen wird das Datenmodell normalisiert, um die Konsistenz bei Insert, Update und Delete Anweisungen zu gewährleisten und um Redundanzen zu vermeiden. Das oberste Ziel einer OLAP-Anwendung ist es, in kurzer Zeit Statistiken über viele Datensätze zu liefern. Um dieses Ziel zu erreichen, wird im Gegensatz zu OLTP ein denormalisiertes Datenmodell verwendet.[7]

Abschließend werden in Tabelle 1 die Unterschiede zwischen OLTP und OLAP übersichtlich und zusammenfassend aufgelistet.

Aspekt	OLTP	OLAP
Level of Data	detailliert	aggregiert
Datenmenge pro Transaktion	klein	groß
Views	vordefiniert	benutzerdefiniert
Typische Schreiboperation	update, insert, delete	bulk insert
"Alter" der Daten	aktuell (60-90 Tage)	historisch, aktuell, vorhergesagt, 5-10 Jahre
Tabellen	flache Tabellen	multidimensionale Tabellen
Anzahl der Benutzer	hoch	klein - mittel
Daten Verfügbarkeit	hoch	klein - mittel
Datenbank Größe	mittel	groß
Abfrage Optimierung	viel Erfahrung	wenig Erfahrung

Tabelle 1: Unterschiede zwischen OLTP und OLAP[8]

---

[7] vgl. Jürgens, 2002, S.10
[8] Modifiziert nach Jürgens, 2002, S.9

2 B-TREE INDIZES

In diesem Kapitel wird auf den B-Tree und dessen Varianten den B+-Tree und B*-Tree eingegangen. Die unterschiedlichen Bezeichnungen werden in der Literatur nicht konsequent getrennt, so spricht Oracle bei ihrer Implementierung von B-Tree obwohl es technisch gesehen eine Weiterentwicklung eines solchen ist.

2.1 B-Tree

In einem Baum werden Schlüssel, also die zu indizierenden Ausprägungen eines Attributes, und Ihre physikalische Position, die Rowid, gespeichert. Der B-Tree ist eine Erweiterung der binäreren Suchbäume, für die Speicherung großer Datenmengen auf Festplattenspeicher ausgelegt und per Definition immer ausgeglichen. Binäre Suchbäume sind wegen der großen Anzahl von Sprüngen von Knoten zu Knoten und der damit verbundenen Festplattenzugriffe nicht geeignet. Da bei jedem Festplattenzugriff ein ganzer Block gelesen wird, werden beim B-Tree die Knoten erweitert, um mehr als zwei Einträge, bis maximal der Blockgröße entsprechend viele Einträge zu speichern. Um die gleichmäßige Perfomance zu garantieren, verlangt der B-Tree, dass jeder Knoten, mit Ausnahme des Wurzelknotens, mindestens zur Hälfte gefüllt ist. Eine exakte Such-, Einfüge- oder Löschabfrage ist demnach von der Ordnung $O(\log_B n)$, wobei B die maximale Anzahl von Einträgen pro Knoten und n die Gesamtzahl der Einträge repräsentiert. Die Höhe eines Baumes ist für einige Milliarden Einträge nur ~5, wenn man davon ausgeht, dass B in der Größenordnung von 100 liegt.[9]

B-Tree Indizes indizieren nur vorhandene Werte, ignorieren also NULL Werte. Eine Abfrage, welche z.b. die Anzahl der NULL Werte zählen soll, kann somit nicht den Index benutzen.[10]

---

[9] vgl. Mehta;Sahni, 2005, S.15-1 f
[10] vgl. Lane, 2005, S.6-4

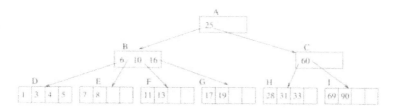

Abbildung 1: Beispiel eines B-Trees[11]

In Abbildung 1 enthält jeder Indexknoten („Nicht-Blattknoten") zwischen zwei und vier Verweisen auf Kindknoten, und jeder Blattknoten enthält zwischen zwei und vier Objekten. Der Wurzelknoten A enthält ein Objekt mit dem Wert 25 und zwei Verweise auf Kindknoten. Im linken Unterbaum befinden sich nur Objekte mit einem Wert <= 25, und im rechten Unterbaum besitzt jedes Objekt einen Wert > 25. Alle Blattknoten (D bis I) befinden sich auf derselben Tiefe: ihr Abstand zum Wurzelknoten A ist 2. Im Moment gibt es zwei volle Knoten: den Knoten B und den Blattknoten D.

2.2 B⁺-Tree und B*-Tree

Der B⁺-Tree ist eine Variante des B-Trees mit zwei prinzipiellen Änderungen. Die eigentlichen Datenelemente werden in dieser Variante auf die Blattknoten verlegt, also enthalten die Indexknoten nun lediglich die Schlüssel, welche zur Verzweigung verwendet werden. Dadurch gewinnt man in den Indexknoten Platz und kann folglich breiter verzweigen. Durch die breitere Verzweigung wird die Höhe des Baumes verringert, was die Anzahl der Festplattenzugriffe reduziert und das Traversieren des Baumes beschleunigt. Die zweite Änderung ist, dass alle Blattknoten in einer doppelt verketteten Liste miteinander verbunden werden. Dies ist besonders dann von Vorteil, wenn der Baum in einem Intervall durchlaufen werden soll.[12]

---

[11] Quelle: Mehta;Sahni, 2005, S.15-4
[12] vgl. Ramakrishnan;Gehrke, 2002, S.344ff

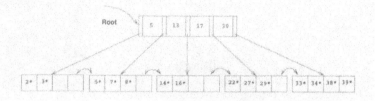

Abbildung 2: Beispiel eines B⁺-Trees[13]

Abbildung 2 zeigt einen B⁺-Tree mit bis zu vier Elementen pro Knoten. Die Blattknoten (mit einem * markiert) unterscheiden sich im Aufbau von den übrigen Knoten. Nur sie enthalten die eigentlichen Nutzdaten (Rowids der Datensätze).

Der B*-Tree ist eine weitere Variante des B-Trees, bei dem der Füllgrad der Knoten nicht bei 1/2 sondern bei mindestens 2/3 liegen muss. Dadurch ergibt sich eine günstigere Speicherplatzausnutzung und eine niedrigere maximale Höhe des Baumes. Die Datenelemente werden im Gegensatz zum B⁺-Tree nicht mit einer doppelt verketteten Liste miteinander verbunden.[14]

2.3 Kombination mehrerer Dimensionen

Bei Abfragen über mehrere Spalten, die jeweils mit einem B-Tree Index indiziert sind, müssen diese miteinander verknüpft werden, bevor auf die Daten zugegriffen wird. Eine OR Verknüpfung kann durch die Vereinigungsmenge der einzelnen Listen von Rowids dargestellt werden, eine AND Verknüpfung durch deren Schnittmenge. Bei mehreren Spalten und langen Listen kann es schneller sein, die Listen von Rowids erst in Bitmaps umzuwandeln und dann analog zu Kapitel 3.2 (S.9) weiterzuverarbeiten.[15]

Weiters gibt es die Möglichkeit einen Index über mehrere Spalten anzulegen[16], darauf wird in dieser Arbeit allerdings nicht näher eingegangen.

---

[13] Quelle: Ramakrishnan;Gehrke, 2002, S.355
[14] vgl. Black, 2007
[15] vgl. Floss, 2004, S.37f
[16] vgl. Chan, 2008, S.15-3f

3 BITMAP INDIZES

Bereits in den 80ern setzte Model 204 als erste kommerzielle Datenbank eine Art Bitmap Index ein[17]. Heutzutage unterstützen weitere Datenbanken, unter anderem Oracle und DB2, die Verwendung von Bitmap Indizes. In diesem Kapitel wird erst die prinzipielle Funktionsweise, dann das Verhalten bei Kombination mehrerer Dimensionen und abschließend die Optimierungsmöglichkeiten der Komprimierung und Kodierung besprochen.

3.1 Funktionsweise

Bei der Bitmap Indizierung wird für jede Ausprägung eines Attributes ein Bitmuster (engl. Bitmap) angelegt, welches signalisiert ob der korrespondierende Datensatz diesem Wert entspricht. Die Anzahl der unterschiedlichen Ausprägungen eines Attributes wird Kardinalität genannt. Je höher also die Kardinalität desto mehr Bitmaps müssen für ein Attribut angelegt werden[18]. Im Gegensatz zur B-Tree Indizierung werden bei der Bitmap Indizierung auch NULL Werte in einer eigenen Bitmap indiziert.[19]

Tabelle 2 zeigt den Ausschnitt einer Personendatenbank, welche neben dem Namen der Person zusätzlich die zwei indizierten Attribute Geschlecht (M, W) und den Familienstand (ledig, verheiratet, geschieden) enthält. Der Übersichtlichkeit halber werden die Bitmap Indizes direkt neben den Attributen angedeutet.

Name	Geschlecht	W	M	Familienstand	ledig	verheiratet	geschieden
Name1	M	0	1	ledig	1	0	0
Name2	W	1	0	verheiratet	0	1	0
Name3	W	1	0	ledig	1	0	0
Name4	M	0	1	geschieden	0	0	1
Name5	W	1	0	ledig	1	0	0

Tabelle 2: Beispiel eines Bitmap Index[20]

---

[17] vgl. O'Neil, 1987
[18] vgl. Fritze;Marsch, 2002, S.292
[19] vgl. Lane, 2005, S.6-4
[20] Eigene Darstellung

3.2 Kombination mehrerer Dimensionen

Bei Abfragen über verschiedene Spalten, die jeweils mit einem Bitmap Index indiziert sind, werden diese logisch miteinander verknüpft bevor auf die Daten zugegriffen wird.

Beispielsweise sollen in Tabelle 2 alle Personen gefunden werden, welche männlich und ledig sind:

```
SELECT Name
FROM Tabelle
WHERE Geschlecht = "M"
AND Familienstand = "ledig"
```

Nun kann auf die Bitmaps "M" und "ledig" wie in Tabelle 3 veranschaulicht ein logisches AND über beide Bitmaps angewendet werden. Die 1er in der Ergebnis-Bitmap markieren Personen die männlich und ledig sind.

M		ledig		Ergebnis
1	AND	1	==>	1
0	AND	0	==>	0
0	AND	1	==>	0
1	AND	0	==>	0
0	AND	1	==>	0

Tabelle 3: Bitmap Operation: männlich AND ledig[21]

Durch die gute Unterstützung der CPU aller logischen Operationen (AND, OR, XOR, NOT) auf Bitmuster können diese sehr zeiteffizient durchgeführt werden. Die Ergebnis-Bitmap kann nun zu Rowids konvertiert werden, um auf die gefundenen Datensätze zuzugreifen.[22]

3.3 Komprimierung

Jede Bitmap benötigt n (Anzahl der Datensätze) Bits. Bei einem Attribut mit der Kardinalität k werden also n*k Bits Speicherplatz benötigt. Die Gesamtgröße eines (unkomprimierten) Bitmap Indexes wächst dementsprechend proportional zur

---

[21] Eigene Darstellung
[22] vgl. Chan;Ioannidis, 1998, S.355f

Kardinalität. Man spricht davon, dass eine Bitmap dense („dicht") ist, wenn der Anteil von 1-Bits groß ist. Die Bitmap Density wird durch die Anzahl von 1-Bits geteilt durch die Gesamtzahl n aller Bits bestimmt. Die k Bitmaps eines Attributs mit der Kardinalität k weisen eine durchschnittliche Density von 1/k auf. Durch die abnehmende Density bei höheren Kardinalitäten entstehen längere Runs von 0-Bits.[23]

Um Speicherplatz einzusparen, werden Bitmap Indizes komprimiert. Das Einlesen der Bitmaps von der Festplatte in den Arbeitsspeicher geht schneller und es können mehr Bitmap Indizes gleichzeitig im Speicher gehalten werden. Dies ist essentiell da die Indizes gerade für sehr große Datenbanken eingesetzt werden sollen. Dafür könnten prinzipiell herkömmliche Komprimierungsalgorithmen wie zum Beispiel gzip verwendet werden. Der Index muss dann bei logischen Operationen aber im ersten Schritt dekomprimiert werden, was Geschwindigkeitseinbußen zur Folge hat. Deswegen wurden speziell für die Komprimierung von Bitmap Indizes Algorithmen entwickelt, welche möglichst im komprimierten Zustand verarbeitet werden können. Durch die längeren Runs von 0-Bits lassen sich Attribute mit höheren Kardinalitäten stärker komprimieren, was dazu führt, dass Bitmap Indizes nicht proportional zur Kardinalität wachsen.[24]

3.3.1. Byte basierte Komprimierung

Beim Ablegen eines Speicherabbildes ist meist ein Byte die kleinste adressierte Einheit. Deswegen arbeiten viele Bitmap Komprimierungsverfahren Byte basiert[25].

Die Byte-aligned bitmap compression (BBC) ist eine Art Lauflängenkodierung und ist die meist verwendete Byte-basierte Komprimierung. Bei der BBC besteht nicht die Notwendigkeit, ein Byte für eine logische Operation aufzulösen. Operationen können direkt auf der komprimierten Version durchgeführt werden. Bei logischen Operationen auf BBC komprimierten Indizes wird weniger Arbeitsspeicher belegt, und die Operationen können evtl. sogar schneller durchgeführt werden.[26]

---

[23] vgl. O'Neil;O'Neil, 2001, S.501
[24] vgl. Amer-Yahia;Johnson, 2000 und Wu;Otoo;Shoshani;Nordberg, 2001, S.2f
[25] vgl. Antoshenkov, 1995, S.476
[26] vgl. Wu;Otoo;Shoshani;Nordberg, 2001, S.12f

Bei der BBC werden im ersten Schritt die Bits in Bytes aufgeteilt und diese auf 1er oder 0er Folgen, so genannte Runs untersucht. Ein solcher Run wird auch Fill genannt. Es gibt dementsprechend 1-fills und 0-fills. Es gibt die BBC als einseitige Variante, welche nur 0-fills beachtet, oder als beidseitige, welche sowohl 0-fills auch auch 1-fills beachtet. Sehr kurze Runs, welche nicht effizient komprimiert werden können, werden literal, also unkomprimiert, gespeichert.[27]

In Abbildung 3 wird eine 20 Byte lange, hexadezimal dargestellte Sequenz mit BBC auf 10 Byte komprimiert. Es ist ersichtlich, dass vor allem lange Runs effektiv komprimiert werden.

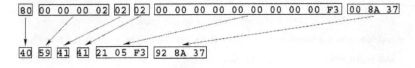

Abbildung 3: BBC komprimierte Bytefolge[28]

3.3.2. Wort basierte Komprimierung

Moderne Computer brauchen für den Zugriff auf ein Byte gleich viel Zeit wie für den Zugriff auf ein ganzes Wort. Ein Wort ist aktuell je nach Prozessor 4 oder 8 Byte lang. Es gibt Algorithmen, die sich diese Tatsache zu nutzen machen, und dadurch bei der Berechnung effizienter sind.

Der Word aligned hybrid code (WAH) hat Ähnlichkeiten mit der Byte-aligned bitmap compression (BBC). Er ist ebenfalls eine Hybrid Form aus Lauflängenkodierung und der literalen, unkomprimierten Abbildung. WAH komprimiert nicht ganz so effizient wie die BBC, dafür können logische Operationen wesentlich schneller durchgeführt werden.[29]

---

[27] vgl. Wu;Otoo;Shoshani;Nordberg, 2001, S.12f
[28] Quelle: Wu;Otoo;Shoshani;Nordberg, 2001, S.12
[29] vgl. Wu;Otoo;Shoshani, 2002, S.99ff

3.4 Kodierung

Speziell für Attribute mit hoher Kardinalität reduzieren kodierte Bitmap Indizes erheblich den Speicherbedarf, und daraus folgend ergeben sich Performance-Vorteile.

Einfache Bitmap Indizes erstellen für jede Ausprägung eines Attributes eine Bitmap (Kardinalität K). Binär kodierte Bitmap Indizes kommen hingegen mit $[\log_2 K]$ Bitmaps plus einer Zuordnungstabelle aus. Bei einer Kardinalität von 16.000 werden beispielsweise nur 14 statt 16.000 Bitmaps benötigt.

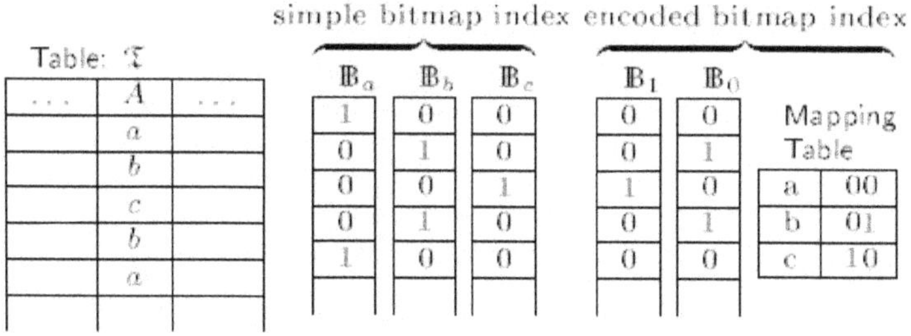

Abbildung 4: Beispiel eines kodierten Bitmap Index[30]

Wie in Abbildung 4 zu sehen, werden in der Zuordnungstabelle (Mapping Table) zwei Bits verwendet, um die Werte (a, b, c) zu kodieren. Die Bitmap B_i speichert das i-te Bit des kodierten Wertes.

Um in diesem Beispiel alle Datensätze mit dem Wert c aufzufinden, ist aus der Zuordnungstabelle ersichtlich, dass die Zeilen mit $B_1 B_0$' (der ' steht für Negation) auszuwählen sind. Bei diesem Beispiel hat der kodierte Bitmap Index einen Nachteil, da zwei statt einer Bitmap betrachtet werden müssen.

Um alle Datensätze mit entweder dem Wert a oder dem Wert b aufzufinden, kann man die logische Operation direkt auf das Ergebnis der Zuordnungstabelle anwenden. $B_1'B_0' + B_1'B_0$ lässt sich vereinfachen auf B_1'. Wie aus diesem Beispiel ersichtlich müssen bei Abfragen mit mehreren einschränkenden Bedingungen unter

---

[30] Quelle: Wu;Buchmann, 1998, S.3

Umständen weniger Bitmaps für die eigentliche Auswahl betrachtet werden, wodurch der kodierte Bitmap Index effizienter arbeiten kann als der einfache Bitmap Index.[31]

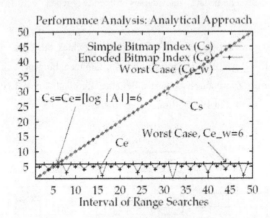

Abbildung 5: Performance-Analyse von kodierten Bitmap Indizes[32]

Abbildung 5 zeigt einen Performance-Vergleich von kodierten Bitmap Indizes und einfachen Bitmap Indizes für ein Attribut mit der Kardinalität 50. Für die tatsächliche Ausführungszeit ist hauptsächlich relevant, wie viele Bitmaps für eine Abfrage herangezogen werden müssen. Beim einfachen Bitmap Index sind das je nach Anzahl der einschränkenden Bedingungen linear steigend bis zu 50. Beim kodierten Bitmap Index sind es konstant <= 6 Indizes ([$\log_2$ 50] = 6). Wie man an diesem Vergleich sieht, können kodierte Bitmap Indizes bei wenigen Einschränkungen einen leichten Nachteil bedeuten, bei mehreren Einschränkungen werden sie im Verhältnis aber zunehmend performant.[33]

---

[31] vgl. Wu;Buchmann, 1998, S.2f
[32] Quelle: Wu;Buchmann, 1998, S.8
[33] vgl. Wu;Buchmann, 1998, S.7f

4 QUERY OPTIMIZER

In diesem Kapitel werden die Begriffe Query Optimizer und Statistiken eingeführt, da sie für die Interpretation des Verhaltens der Datenbank in der nachfolgenden Fallstudie von Kapitel 5 benötigt werden.

Wenn der Programmierer eine SQL (Structured Query Language) Abfrage verfasst, entscheidet er nicht automatisch, wie die Abfrage intern verarbeitet wird. Dies wäre generell auch nicht sinnvoll, da sich bei unterschiedlichen Rahmenbedingungen (zB Anzahl der Datensätze) der günstigste Ausführungsplan durchaus ändern kann.

Um zur Laufzeit den besten Ausführungsplan zu bestimmen, gibt es den Query Optimizer, welcher versucht, die Benutzung bestimmter Ressourcen zu reduzieren, indem er aus einer Vielzahl verschiedener Möglichkeiten die günstigste auswählt. Als Hauptressourcen gelten die benötigte CPU Zeit und die Anzahl der Festplattenzugriffe, welche auch als I/Os (Inputs / Outputs) bezeichnet werden. Für jeden zur Verfügung stehenden Ausführungsplan gibt es CPU Kosten und I/O Kosten die nicht direkt miteinander vergleichbar sind. Um die Vergleichbarkeit herzustellen, werden die verschiedenen Kosten gewichtet und zu Gesamtkosten addiert. Diese Gesamtkosten verschiedener Alternativen können nun verglichen werden, und die vermeintlich beste Lösung wird ausgewählt.[34]

---

[34] vgl. O'Neil;O'Neil, 2001, S.535ff

Um in der Lage zu sein, entsprechende Entscheidungen zu treffen, muss der Query Optimizer Statistiken über die beteiligten Tabellen besitzen. Wenn eine Tabelle beispielsweise nur fünf Datensätze auf einem einzigen Block besitzt, sollte der Optimizer jede Art von Index ignorieren und einen Full Table Scan durchführen. Statistiken enthalten folgende Informationen:[35]

- Tabellen-Statistiken
  - Anzahl der Zeilen
  - Anzahl der Blöcke
  - Durchschnittliche Datensatz Länge
- Spalten-Statistiken
  - Anzahl der unterschiedlichen Werte (Kardinalität)
  - Anzahl von NULL Werten
  - Werteverteilung (Histogram)
- Index-Statistiken
  - Anzahl von Blattknoten
  - Höhe des B-Trees
  - Clustering Faktor
- System-Statistiken
  - I/O Performance

Statistiken werden zu einem bestimmten Zeitpunkt erstellt und können zum Zeitpunkt einer Abfrage veraltet sein. Bei einem sich stetig ändernden Datenbestand sollte in regelmäßigen Abständen eine Aktualisierung der Statistiken durchgeführt werden. Beim Laden großer Datenmengen mittels eines Batch-Jobs, so genannten Bulk Loads, bietet es sich an, die Statistiken im Zuge des Batch-Jobs erst anschließend an den eigentlichen Ladevorgang zu erzeugen.[36]

---

[35] Chan, 2008, S.14-1
[36] vgl. Chan, 2008, S.14-4

5 FALLSTUDIE

Um die Eigenschaften der Indizes zu vergleichen, wurde eine relativ große Datenbank mit den 8 Millionen österreichischen Bundesbürgern konzipiert. Dabei wurde darauf geachtet, Felder mit einem breiten Spektrum an Kardinalitäten zu benutzen. Die Verteilung von Bundesländern, Familienstand, Geschlecht, Job_Status und Religion orientiert sich an realen Daten von Statistik Austria[37]. Zur Vereinfachung wurden diese auf 5%-Schritte auf- bzw. abgerundet. Weitere mögliche statistische Zusammenhänge wie z.b. die Erwerbstätigkeitsquote nach Geschlecht oder Religion wurden der Einfachheit halber nicht beachtet und folglich zufällig verteilt. Tabelle 4 stellt den Aufbau der Datenbanktabelle übersichtlich dar. Im Anhang A.1 befindet sich das zugehörige Skript.

Feld	Typ	Kardinalität
persid	number(8)	unique
vorname	varchar2(30)	100
nachname	varchar2(30)	1000
strasse	varchar2(30)	unique
plz	varchar2(30)	9000
ort	varchar2(30)	5000
bundesland	varchar2(30)	9
familienstand	varchar2(30)	4
geschlecht	varchar2(30)	2
job_status	varchar2(30)	5
religion	varchar2(30)	4
einkommen	number(6)	100000

Tabelle 4: Aufbau der Bundesbürger-Tabelle

Die Umsetzung erfolgte mit einer Oracle 10g Enterprise Edition Datenbank auf einem Laptop mit folgenden Leistungsmerkmalen: Mobile AMD Sempron 3300+, 1024 MB Arbeitsspeicher, Windows XP Professional SP2. Das Gerät verfügte über eine physikalische (Laptop-)Festplatte.

---

[37] StatistikAustria1, 2007 und StatistikAustria2, 2007

5.1 Befüllung und Indizierung

Die Befüllung der Datenbank erfolgt mithilfe einer gespeicherten Prozedur[38]. In einer Schleife wird die Tabelle sukzessive mit Datensätzen befüllt. Um B-Tree, Bitmap und keine Indizes zu vergleichen wird die Tabelle anschließend vervielfältigt so dass drei äquivalente Datenbanken vorhanden sind[39]. In Tabelle 5 wird die benötigte Zeit zum Erstellen der Tabellen und Indizes und deren Größe dargestellt. Die Bitmap Indizes mit niedriger und mittlerer Kardinalität sind um ein vielfaches kleiner als B-Tree Indizes. Erst ab einer Kardinalität von ca. n/2 (also 4.000.000) würde ein Bitmap Index mehr Speicherplatz als ein B-Tree Index belegen[40]. Die Größe von Bitmap Indizes nimmt mit zunehmender Kardinalität zu, allerdings nicht linear, sondern wesentlich langsamer. Dies liegt an den schwächer besetzten Bitmaps, wodurch die Komprimierung effektiver wird[41]. Durch die höhere Anzahl der Bitmaps nimmt auch die Zeit für die Erstellung leicht zu. Die Größe von B-Trees hingegen ist nicht abhängig von der Kardinalität, sondern von der Länge der Schlüssel. In diesem Beispiel sind die zwei größten Indizes Vorname und Nachname.

	Zeit (min)	Größe (MB)			
Erstellen der Tabelle					
insert_buerger(8000000)	53:29	1348			
Primary Key	4:16	142			

Erstellen der Duplikate	**buerger_x (B-Tree)**		**buerger_bix (Bitmap)**		**Kardinalität**
	Zeit (min)	Größe (MB)	Zeit (min)	Größe (MB)	
create as select (Kopie)	7:03	1349	6:58	1349	
Primary Key	2:53	144	3:02	144	8000000
Geschlecht Index	2:17	184	1:04	4	2
Familienstand Index	2:23	184	1:07	6	4
Religion Index	2:41	176	1:05	5	4
Job Index	2:21	200	1:04	6	5
Bundesland Index	2:34	200	1:04	10	9
Vorname Index	2:45	256	1:11	25	100
Nachname Index	2:50	275	1:13	28	1000
PLZ Index	2:23	144	1:25	36	9000
Einkommen Index	2:33	144	1:59	39	100000

Tabelle 5: Erstellen der Tabellen und Indizes

---

[38] siehe Anhang A.2
[39] siehe Anhang A.3
[40] vgl. Ozbutun, 1997, S.2-5
[41] siehe Kapitel 3.3 Komprimierung

5.2 Abfragen

Speziell bei OLAP-Anwendungen sind vor allem schnelle aggregierte Abfragen über viele Datensätze von Interesse. Um dem Optimizer aktuelle und korrekte Statistiken bereitzustellen, wurde vor der Ausführung der Abfragen das Skript zum Erzeugen von Statistiken[42] ausgeführt.

5.2.1. Zählen aller Bürger

```
SELECT count(*)
FROM buerger;
```

Bei dieser einfachen Abfrage gibt es bereits erhebliche Performance-Unterschiede, obwohl in keiner der Varianten auf die eigentlichen Daten zugegriffen werden muss. Die Varianten „ohne Index" und B-Tree Index zählen beide die Einträge im Primärschlüssel, wobei beim Bitmap Index lediglich die Einträge eines beliebigen Bitmap Indexes gezählt werden müssen. Wie in Tabelle 6 zu sehen, entstehen dadurch wesentlich weniger Physical Reads (zu lesende Blöcke auf der Festplatte), welche die Hauptkosten verursachen.

	Zeit	Physical Reads
ohne Index	6,22 sek	17846
B-Tree	6,34 sek	17846
Bitmap	0,21 sek	385

Tabelle 6: Ergebnis - Zählen aller Bürger

5.2.2. Zählen mit zwei Dimensionen

In den folgenden Abfragen wird jeweils die Anzahl der Bürger gezählt, welche zwei Merkmale aufweisen. Die SQL Statements befinden sich in Anhang A.5.

- Abfrage 1 mit geringer Selektivität von 20% (Wien) * 70% (katholisch) = 14%
- Abfrage 2 mit mittlerer Selektivität von 15% (Steiermark) * 20% (Schüler) = 3%
- Abfrage 3 mit hoher Selektivität von 5% (Kärnten) * 10% (geschieden) = 0,5%

---

[42] siehe Anhang A.4

Wie in Tabelle 7 ersichtlich, können diese Aufgabenstellungen von Bitmap Indizes am schnellsten gelöst werden. Die zwei benötigten Bitmaps werden mit einem logischen AND verknüpft und die 1er in der resultierenden Bitmap gezählt. Die Selektivität der Abfrage hat hier keine Auswirkung.

B-Tree Indizes bringen auch eine sichtbare Verbesserung gegenüber dem Full Table Scan für den Fall ohne Index. Der Optimizer entscheidet sich, die zwei Ergebnislisten in Bitmaps zu konvertieren, diese logisch zu verknüpfen und die 1er in der resultierenden Bitmap zu zählen. Das dynamische Erstellen dieser Bitmaps geht bei größerer Selektivität schneller, was bei den B-Tree Zeiten in Tabelle 8 ersichtlich ist.

	Abfrage 1 (14%)	Abfrage 2 (3%)	Abfrage 3 (0,5%)
ohne Index	56,24 sek	55,95 sek	56,12 sek
B-Tree	9,93 sek	5,12 sek	2,75 sek
Bitmap	0,18 sek	0,20 sek	0,17 sek

Tabelle 7: Ergebnis - Zählen mit zwei Einschränkungen

Will man bei diesen Abfragen zusätzlich noch das durchschnittliche Einkommen[43] ermitteln, entscheidet sich der Optimizer in allen Fällen für einen Full Table Scan. Das lässt sich darauf zurückführen dass selbst bei einer Selektivität von 0,5% noch ca. 40.000 Datensätze und damit knappe 40.000 Blöcke gelesen werden müssen. Es ist also in diesem Fall immer noch schneller 172.544 Blöcke[44] am Stück zu lesen als knappe 40.000 verteilte Direktzugriffe.

5.2.3. Personen pro Bundesland

```
SELECT bundesland, count(*)
FROM buerger
GROUP BY bundesland
ORDER BY count(*) DESC;
```

---

[43] Für diesen Versuch wurde der Index auf dem Einkommen temporär entfernt, um einen Zugriff auf den Datensatz zu erzwingen.
[44] Die Datenbank ist 1348MB (1348*1024kb) und ein Block 8kB groß. Daraus folgt, dass sich die Daten auf ca.1348*1024/8 Blöcke verteilen.

Ohne Index wird ein Full Table Scan durchgeführt, da keine sonstigen Informationen über das Bundesland vorliegen. Der Optimizer entscheidet sich beim B-Tree gegen die Verwendung des Index und führt ebenfalls einen Full Table Scan durch. Beim Bitmap Index muss nicht auf die Daten, sondern lediglich auf den 10MB großen Bitmap Index der Spalte Bundesland zugegriffen werden. Das anschließende Gruppieren und Zählen kann die CPU schnell erledigen. In Tabelle 8 werden die Ergebnisse dieser Abfrage zusammenfassend dargestellt.

	Zeit	Physical Reads
ohne Index	55,61 sek	165.493
B-Tree	54,26 sek	166.063
Bitmap	2,85 sek	1.194

Tabelle 8: Ergebnis - Personen pro Bundesland

5.2.4. Durschnittseinkommen mit 5 Dimensionen

```
SELECT count(*) as Treffer,
avg(einkommen) as Durchschnittseinkommen
FROM buerger
WHERE bundesland = 'BURGENLAND'      -- 5%
AND religion = 'EVANGELISCH'         -- 5%
AND familienstand = 'GESCHIEDEN'     -- 10%
AND job_status = 'ARBEITSLOS'        -- 5%
AND geschlecht = 'MAENNLICH';        -- 50%
```

Dies ist eine in Data Warehouse-Umgebungen typische und auf den Bitmap Index zugeschnittene Abfrage. Die kleinen Bitmaps können schnell in den Arbeitsspeicher geladen werden, logische Verknüpfungen werden von der CPU sehr schnell durchgeführt und die Ergebnismenge ist so gering dass die Festplattenzugriffe kaum ins Gewicht fallen. Wie in Abbildung 6 zu sehen, verzichtet der Optimizer in diesem Fall sogar auf die Verwendung des Geschlecht-Indexes, da die resultierende Ergebnismenge bereits so gering ist, dass das Einlesen und Verarbeiten des Bitmap Indexes mehr Aufwand bedeuten würde. Im Ausführungsplan kann man diesen Umstand an der Anweisung „filter" (Zeile 2) statt „access" (Zeilen 5 bis 8) erkennen.

```
| Id  | Operation                      | Name        | Rows | Bytes | Cost (%CPU)| Time     |
----------------------------------------------------------------------------------------------
|  0  | SELECT STATEMENT               |             |   1  |   59  | 152  (1)| 00:00:02 |
|  1  |  SORT AGGREGATE                |             |   1  |   59  |         |          |
|* 2  |   TABLE ACCESS BY INDEX ROWID  | BUERGER_BIX |  36  |  2124 | 152  (1)| 00:00:02 |
|  3  |    BITMAP CONVERSION TO ROWIDS |             |      |       |         |          |
|  4  |     BITMAP AND                 |             |      |       |         |          |
|* 5  |      BITMAP INDEX SINGLE VALUE | BULAND_BIX  |      |       |         |          |
|* 6  |      BITMAP INDEX SINGLE VALUE | RELI_BIX    |      |       |         |          |
|* 7  |      BITMAP INDEX SINGLE VALUE | JOB_BIX     |      |       |         |          |
|* 8  |      BITMAP INDEX SINGLE VALUE | FSTAND_BIX  |      |       |         |          |
----------------------------------------------------------------------------------------------

Predicate Information (identified by operation id):
---------------------------------------------------

   2 - filter("GESCHLECHT"='MAENNLICH')
   5 - access("BUNDESLAND"='BURGENLAND')
   6 - access("RELIGION"='EVANGELISCH')
   7 - access("JOB_STATUS"='ARBEITSLOS')
   8 - access("FAMILIENSTAND"='GESCHIEDEN')
```

Abbildung 6: Ausführungsplan mit Bitmap Indizes

Wie in Abbildung 7 zu sehen, entscheidet sich der Optimizer bei der Verwendung von B-Tree Indizes dazu, für die drei Indizes mit der höchsten Selektivität während der Laufzeit Bitmap Indizes zu erstellen, da diese schneller kombiniert werden können. Für die Spalten Familienstand und Geschlecht würde diese Methode mehr Aufwand bedeuten, darum werden diese Bedingungen erst später beim Zugriff auf die Datensätze überprüft. (Siehe Zeilen 5,7 und 9)

```
| Id  | Operation                        | Name      | Rows | Bytes | Cost (%CPU)| Time     |
-----------------------------------------------------------------------------------------------
|  0  | SELECT STATEMENT                 |           |   1  |   59  | 3383(2)| 00:00:41 |
|  1  |  SORT AGGREGATE                  |           |   1  |   59  |        |          |
|* 2  |   TABLE ACCESS BY INDEX ROWID    | BUERGER_X |  29  |  1711 | 3383(2)| 00:00:41 |
|  3  |    BITMAP CONVERSION TO ROWIDS   |           |      |       |        |          |
|  4  |     BITMAP AND                   |           |      |       |        |          |
|  5  |      BITMAP CONVERSION FROM ROWIDS|          |      |       |        |          |
|* 6  |       INDEX RANGE SCAN           | BULAND_X  | 391K |       |  657(2)| 00:00:08 |
|  7  |      BITMAP CONVERSION FROM ROWIDS|          |      |       |        |          |
|* 8  |       INDEX RANGE SCAN           | RELI_X    | 391K |       | 1180(2)| 00:00:15 |
|  9  |      BITMAP CONVERSION FROM ROWIDS|          |      |       |        |          |
|* 10 |       INDEX RANGE SCAN           | JOB_X     | 391K |       | 1377(2)| 00:00:17 |
-----------------------------------------------------------------------------------------------

Predicate Information (identified by operation id):
---------------------------------------------------

   2 - filter("FAMILIENSTAND"='GESCHIEDEN' AND "GESCHLECHT"='MAENNLICH')
   6 - access("BUNDESLAND"='BURGENLAND')
   8 - access("RELIGION"='EVANGELISCH')
  10 - access("JOB_STATUS"='ARBEITSLOS')
```

Abbildung 7: Ausführungsplan mit B-Tree Indizes

In Tabelle 9 werden die Messwerte für die drei Varianten zusammenfassend dargestellt. Es ist ersichtlich, dass Oracle bei einer Wiederholung der Abfrage die im Cache gespeicherten Indizes wiederverwertet, was zu erheblichen Performance-Verbesserungen führt. B-Tree und Bitmap Index brauchen für den Fall der Wiederholung keinen einzigen Physical Read.

	1.Versuch		2. Versuch	
	Zeit	Physical Reads	Zeit	Physical Reads
ohne Index	63,28 sek	165.501	53,59 sek	155.568
B-Tree	7,17 sek	3.892	0,39 sek	0
Bitmap	1,20 sek	477	0,07 sek	0

Tabelle 9: Ergebnis - Durchschnittseinkommen mit 5 Dimensionen

5.2.5. Durschnittseinkommen und NULL-Wert

```
SELECT count(*) as Treffer,
avg(einkommen) as Durchschnittseinkommen
FROM buerger
WHERE bundesland = 'BURGENLAND'      -- 5%
AND religion = NULL                  -- 5%
AND familienstand = 'GESCHIEDEN'     -- 10%
AND job_status = 'ARBEITSLOS'        -- 5%
AND geschlecht = 'MAENNLICH';        -- 50%
```

Diese Abfrage ist im Vergleich zur vorherigen nur leicht modifiziert. Die Spalte
Religion wird nicht mehr auf Evangelisch sondern auf NULL überprüft. Da Bitmap
Indizes NULL-Werte wie normale Werte indizieren, also eine eigene NULL-Bitmap
anlegen, wirkt sich die Änderung nicht auf den Ausführungsplan aus. B-Tree Indizes
hingegen nehmen NULL-Werte nicht in den Index auf, dadurch kann die
Überprüfung erst nach dem Auslesen des Datensatzes erfolgen. Dies erklärt auch den
markanten Anstieg der Zeit und der Physical Reads beim B-Tree von Tabelle 9 auf
Tabelle 10. Wie schon im vorherigen Beispiel kann dieselbe Abfrage beim 2.
Versuch wegen der im Cache gespeicherten Indizes wesentlich beschleunigt werden.

	1.Versuch		2. Versuch	
	Zeit	Physical Reads	Zeit	Physical Reads
ohne Index	61,43 sek	165.491	57,28 sek	155.673
B-Tree	12,42 sek	5.683	0,56 sek	0
Bitmap	1,22 sek	489	0,07 sek	0

Tabelle 10: Ergebnis - Durchschnittseinkommen und NULL-Wert

5.2.6. Range Query

```
SELECT count(*) as Treffer,
avg(plz) as Durchschnitt
FROM buerger
WHERE einkommen BETWEEN 1000 AND 1001;
-- BETWEEN 1000 AND 1004/1009/1019/1039/1079/1159
```

Mit dieser Abfrage wird überprüft, wie sich der Bitmap Index bei Range Queries (Bereichsabfragen) gegenüber dem B-Tree verhält. Der Bitmap Index muss alle im Range vorhandenen Bitmaps logisch verknüpfen, wohingegen der B-Tree den ersten Treffer sucht und dann die Blattknoten anhand einer doppelt veketteten Liste[45] durchläuft. In diesem Beispiel wurden Einkommen Ranges von 2 bis 160 verglichen. Die Zeiten verändern sich in beiden Fällen linear zur Range-Größe bzw. zur Treffermenge. Beide Index-Arten müssen für die Durchschnittsberechnung auf gleich viele Datensätze zugreifen, haben also vergleichbare Physical Reads weswegen auch die Gesamtlaufzeiten vergleichbar sind. Wie in Tabelle 11 ersichtlich, verschätzt sich der Optimizer bei der Berechnung der Kosten und wählt bei einer Range von 160 noch immer den Weg über die Indizes, obwohl ein Full Table Scan bereits performanter wäre.

	Range 2	Range 5	Range 10	Range 20	Range 40	Range 80	Range 160
ohne Index	59,93 sek	59,07 sek	58,43 sek	62,96 sek	59,32 sek	62,51 sek	61,28 sek
B-Tree	1,64 sek	3,82 sek	7,56 sek	16,03 sek	32,61 sek	62,25 sek	125.35 sek
Bitmap	1,71 sek	4,01 sek	7,78 sek	15,98 sek	35,50 sek	63,14 sek	126,35 sek

Tabelle 11: Ergebnis - Range-Abfragen

5.3 Updates

Jeder Index verursacht bei Updates einen Zusatzaufwand, da die Indexstrukturen mitgepflegt werden müssen. In folgendem Szenario ziehen 1000, 10.000 bzw. 100.000 zufällig ausgewählte Bürger in ein zufälliges neues Bundesland um. Der Zugriff erfolgt in allen Fällen über den indizierten Primärschlüssel, und es wird lediglich das Bundesland geändert. Die gespeicherte Prozedur für diesen

---

[45] siehe Abbildung 2: Beispiel eines B⁺-Trees (S.7)

Massenumzug befindet sich im Anhang A.6. Wie in Tabelle 12 ersichtlich ist der Overhead mit 4% für das Verändern des Bitmap Index sehr gering. Beim B-Tree hingegen sind die Auswirkungen mit 72% deutlicher zu spüren. Dieses klare Ergebnis ist auf die unterschiedliche Größe der beiden Indizes zurückzuführen. Da der Bitmap Index nur 10 MB[46] groß ist, kann er über die gesamte Laufzeit hinweg im Arbeitsspeicher gehalten werden. Demzufolge kann der Bitmap Index wesentlich schneller modifiziert werden, da weniger Festplattenzugriffe notwendig sind.

	1.000 Updates	10.000 Updates	100.000 Updates	100.000 Updates in %
ohne Index	0:28 min	5:59 min	57:43 min	100%
B-Tree	1:00 min	10:53 min	99:04 min	172%
Bitmap	0:44 min	6:57 min	58:53 min	104%

Tabelle 12: Ergebnis - Updates

5.4 Inserts

Jeder Index verursacht bei Inserts einen Zusatzaufwand, da die Indexstrukturen erweitert werden müssen. In folgendem Szenario ziehen 1.000, 10.000 bzw. 100.000 zufällig erstellte Bürger nach Österreich und werden dem Datenbestand hinzugefügt. Für diese Zuwanderungswelle wird die von der Erstpopulation vorhandene Stored Procedure aus Anhang A.2 verwendet. Wie in Tabelle 13 zu sehen, bedeuten sowohl B-Tree als auch Bitmap Index einen erheblichen Mehraufwand, der ausschließlich durch die Indexpflege verursacht wird. Bei einem Bulk Load von 100.000 Datensätzen ist es in diesem Fall bereits sinnvoll, die vorhandenen Indizes erst zu entfernen und nach dem Einfügen der Datensätze neu zu kreieren. Bei der Bitmap Index Tabelle wären das 11:37 min[47] statt 27:47 min Aufwand, wobei die Ersparnis bei größeren Bulk Loads noch deutlicher wird. Aus diesem Grund hat sich im DWH-Umfeld folgende Vorgehensweise etabliert: Vorhandene Indizes mit Ausnahme des Primary Keys entfernen, Daten laden und abschließend die Indizes neu erzeugen.

---

[46] siehe Tabelle 5 (S.17)
[47] 0:35 min (Einfügen von 100.000 Datensätzen ohne Index aus Tabelle 13)
+ 11:02 min (Summe aller Bitmap Index-Erstellungszeiten aus Tabelle 5)
= 11:37 min (Minimaler Overhead für das Entfernen der Indizes wird ignoriert)

	1.000 Inserts	10.000 Inserts	100.000 Inserts	100.000 Inserts in %
ohne Index	0:01 min	0:09 min	0:35 min	100%
B-Tree	1:10 min	5:10 min	37:05 min	6357%
Bitmap	1:12 min	5:59 min	27:47 min	4762%

Tabelle 13: Ergebnis - Inserts

5.5 Deletes

Jeder Index verursacht bei Deletes einen Zusatzaufwand, da die entsprechenden
Einträge in den Indexstrukturen ebenfalls entfernt werden müssen. In folgendem
Szenario ziehen 1.000, 10.000 bzw. 100.000 zufällig ausgewählte Bürger aus
Österreich weg und werden aus dem Datenbestand entfernt. Für diese
Abwanderungswelle wird die Stored Procedure aus Anhang A.7 verwendet. Wie in
Tabelle 14 zu sehen, bedeuten sowohl B-Tree als auch Bitmap Index einen
erheblichen Mehraufwand. Beim Löschen von 100.000 Datensätzen ist es in diesem
Fall sinnvoll die Indizes erst zu entfernen und nach dem Löschen der Datensätze neu
zu kreieren. Bei der Bitmap Index-Tabelle wären das 68:42 min[48] statt 181:37 min
Aufwand, wobei die Ersparnis bei mehr Datensätzen noch deutlicher wird.

	1.000 Deletes	10.000 Deletes	100.000 Deletes	100.000 Deletes in %
ohne Index	0:30 min	6:44 min	57:40 min	100%
B-Tree	3:59 min	41:26 min	427:50 min	741%
Bitmap	2:45 min	19:28 min	181:37 min	314%

Tabelle 14: Ergebnis - Deletes

---

[48] 57:40 min (Löschen von 100.000 Datensätzen ohne Index aus Tabelle 14)
+ 11:02 min (Summe aller Bitmap Index-Erstellungszeiten aus Tabelle 5)
= 68:42 min (Minimaler Overhead für das Entfernen der Indizes wird ignoriert)

6 ZUSAMMENFASSUNG DER ERGEBNISSE

In diesem Kapitel werden die theoretischen Erkenntnisse aus den Kapiteln 2 und 3 sowie die praktischen Erfahrungen aus der Fallstudie kombiniert und reflektiert.

6.1 Speicherplatz

Bitmap Indizes sind durch den Einsatz von Bitmustern, wie in Tabelle 5 (S.17) zu sehen, eine äußerst Speicher schonende Art der Indizierung. Der Speicherbedarf nimmt zwar bei zunehmender Kardinalität zu, allerdings durch effiziente Komprimierung nicht linear, sondern wesentlich langsamer. Bei einer Kardinalität von ca. n/2, wenn also im Schnitt jeder Wert nur noch zweimal vorhanden ist, nimmt ein Bitmap Index ca. gleich viel Speicherplatz wie ein B-Tree Index ein[49]. Bitmap Indizes sind also für den Einsatz bei sehr hohen Kardinalitäten, dem Spezialgebiet der B-Tree Indizes, ungeeignet.

Dadurch, dass der Bitmap Index wesentlich weniger Speicherplatz benötigt, ist es für das DBMS (Database Management System) möglich, einen oder auch mehrere Indizes im Cache zu halten, was die Physical Reads und damit die Gesamtzeit von Abfragen erheblich reduziert.

---

[49] vgl.Ozbutun, 1997, S.2-5

6.2 Abfragen

Wie in der Fallstudie von Kapitel 5 gezeigt, kann die Bitmap Indizierung gegenüber der B-Tree Indizierung häufig überzeugen. Bei Data Warehouse typischen Abfragen, welche aggregierte Ergebnisse über den gesamten Datenbestand hinweg liefern, kann die Bitmap Indizierung helfen, den Full Table Scan, zu vermeiden. In diesen Fällen konkurriert er nicht mit dem B-Tree, da dieser wie in Kapitel 5.2.3 (S.19) nicht eingesetzt werden kann, sondern bietet im Gegensatz zur B-Tree Indizierung eine Alternative zum Full Table Scan.

Vor allem logische Operationen können auf Bitmap Indizes, aufgrund ihres bitweisen Aufbaus, sehr schnell durchgeführt werden. Dieser Vorteil kommt vor allem bei multidimensionalen Abfragen, also Abfragen mit komplexen WHERE Klauseln wie in Kapitel 5.2.4 (S. 20) zum Vorschein. Aufgrund dieser herausragenden Eigenschaft entscheidet sich der Query Optimizer bei derselben Abfrage mit B-Trees dafür, temporäre Bitmaps zu erstellen und ist damit zumindest im Vergleich zum Full Table Scan noch deutlich schneller.

Wie in Kapitel 5.2.6 (S.23) gezeigt, stehen Bitmap Indizes auch bei Range Queries B-Trees nicht nach und können vergleichbar schnell durchgeführt werden.

Ein weiterer Vorteil ist, dass Bitmap Indizes im Gegensatz zu B-Tree Indizes NULL-Werte indizieren, dadurch können auch Abfragen auf eben diese durchgeführt werden.

6.3 Inserts, Updates und Deletes

Wie in Kapitel 5 festgestellt, ist der Overhead bei Inserts, Updates und Deletes auf Bitmap indizierten Tabellen geringer als bei der herkömmlichen B-Tree Indizierung. Diese Ergebnisse lassen den Trugschluss zu, dass Bitmap Indizes auch für OLTP-Anwendungen bestens geeignet seien. Es muss allerdings herausgestellt werden, dass bei den Versuchen der Fallstudie serialisierte, nicht konkurrierende Abfragen verwendet wurden, und somit das Problem von gesperrten Blöcken nicht betrachtet wurde.

Wenn Updates auf einem mit einem Bitmap Index indizierten Attribut durchgeführt werden, müssen der entsprechende Block der alten Bitmap und der entsprechende Block der neuen Bitmap gesperrt werden. Die Sperre wirkt sich zwar nicht auf die gesamte Tabelle, jedoch auf alle Datensätze dieser zwei Bitmap-Blöcke aus. Bei Spalten, die nicht oder kaum von Updates betroffen sind, wie z.B. Geschlecht oder Vorname, stellt dies naturgemäß kein Problem dar. Weitaus drastischer wirken sich die benötigten Sperren bei Inserts und Deletes aus, da Blöcke in allen beteiligten Bitmaps gesperrt werden müssen.[50]

Bitmap Indizes führen aus diesen Gründen bei vielen konkurrierenden Inserts, Updates und Deletes zu erheblichen Performance Einbrüchen. Sie sind also nicht für OLTP Anwendungen mit vielen parallelen Zugriffen geeignet, sondern allenfalls für „leichte" OLTP Anwendungen mit wenigen parallelen Transaktionen. Die eigentliche Zielgruppe sind allerdings OLAP-Anwendungen, bei denen der Fokus auf Abfragen liegt und Datenmanipulationen nur in Form von Bulk Loads erfolgen.

---

[50] vgl.Ozbutun, 1997, S.2-14f

7 FAZIT

Bitmap Indizes überzeugen durch ihre kompakte Größe und bieten Geschwindigkeitsvorteile bei einer Vielzahl komplexer Abfragen über große Datenmengen hinweg. Sie können nicht nur für Attribute mit sehr kleiner Kardinalität, sondern durchaus auch für Attribute mittlerer bis höherer Kardinalität effizient eingesetzt werden.

Die größten Performance-Verbesserungen bieten Bitmap Indizes bei der Beantwortung komplexer Attribut-Kombinationen, wenn die resultierende Selektivität so hoch ist, dass nur noch wenige Datensätze tatsächlich betrachtet werden müssen.

Durch ihre beschriebene Schwäche bei konkurrierenden Datenmanipulationsabfragen sind Bitmap Indizes für OLTP-Anwendungen ungeeignet und sollten vor allem bei OLAP-Anwendungen in Betracht gezogen werden.

Bitmap Indizes und B-Tree Indizes stehen nicht in direkter Konkurrenz zueinander, da Bitmap Indizes eine Möglichkeit darstellen, Attribute zu indizieren, welche von B-Trees nicht effizient indizierbar waren. Sie haben beide, unter jeweils unterschiedlichen Rahmenbedingungen, ihre Daseinsberechtigung und der Einsatz des Einen oder des Anderen muss sorgsam überlegt und gegebenenfalls durch entsprechende Testszenarien erprobt werden.

LITERATURVERZEICHNIS

Albrecht;Fiedler, 2006

Jens Albrecht; Marc Fiedler: Datenbank-Tuning – einige Aspekte am Beispiel von Oracle 10g. In: Datenbank-Spektrum #16/2006.- Heidelberg: dpunkt.verlag, 2006, S.26 – S.33

Amer-Yahia;Johnson, 2000

Sihem Amer-Yahia; Theodore Johnson: Optimizing Queries on Compressed Bitmaps. In: The VLDB Journal, 2000, S.329 – S.338

Antoshenkov, 1995

Gennady Antoshenkov: Byte-aligned bitmap compression. In: Data Compression Conference: IEEE, 1995, S.476

Black, 2007

Paul E. Black: National Institute of Standards and Technology - B*-Tree, 2007.- URL: http://www.nist.gov/dads/HTML/bstartree.html, [Stand 06/06/2008].

Chan, 2008

Immanuel Chan: Oracle Database – Performance Tuning Guide, 10g Release 2, 2008.- URL: http://download.oracle.com/docs/cd/B19306_01/server.102/b14211.pdf, [Stand 24/05/2008].

Chan;Ioannidis, 1998

Chee-Yong Chan, Yannis E. Ioannidis: Bitmap Design and Evaluation. In: Proceedings of the 1998 ACM SIGMOD international conference on Management of data: ACM Press, 1998, S.355 - S.366

Floss, 2004

Kimberly Floss: Oracle SQL Tuning & CBO Internals: Based Optimizer with CBO Internals and SQL Tuning Optimization, 2. Auflage,- Kittrell: Rampant TechPress, 2004. ISBN 0974599336

Fritze;Marsch, 2002

Jörg Fritze; Jürgen Marsch: Erfolgreiche Datenbankanwendung mit SQL3. Praxisorientierte Anleitung - effizienter Einsatz - inklusive SQL-Tuning, 6. Auflage,- Braunschweig: Vieweg Verlag, 2002. ISBN 3528552107

Geisler, 2006

Geisler Frank: Datenbanken: Grundlagen und Design, 2.Auflage,- Heidelberg: Mitp-Verlag, 2006. ISBN 3826616898

Inmon, 2002

William H. Inmon: Building the Data Warehouse, 3. Auflage,- New York: Wiley & Sons, 2002. ISBN 0471081302

Johnson, 1999

Theodore Johnson: Performance Measurements of Compressed Bitmap Indices. In: Proceedings of the 25th VLDB Conference.- Edinburgh, 1999, S.287 – S.289

Jürgens, 2002

Marcus Jürgens: Index Structures for Data Warehouses, 1.Auflage.- Berlin: Springer-Verlag, 2002. ISBN 3-540-43368-6

Jürgens;Lenz, 2001
Marcus Jürgens; Hans-J. Lenz: Tree Based Indexes versus Bitmap Indexes: A Performance Study. In: International Journal of Cooperative Information Systems: #Volume 10, Number 3, 2001, S.355 – S.376

Lane, 2005
Paul Lane: Oracle Database – Data Warehousing Guide, 10g Release 2, 2005.- URL: http://download.oracle.com/docs/cd/B19306_01/server.102/b14223.pdf, [Stand 06/06/2008]

Mehta;Sahni, 2005
Dinesh P. Mehta; Sartaj Sahni: Handbook of Data Structures and Application, 1. Auflage.- Boca Raton: Chapman & Hall, 2005. ISBN 1584884355

O'Neil, 1987
Patrick O'Neil: Model 204 Architecture and Performance: 2nd International Workshop in High Performance Transaction Systems. In: Lecture Notes in Computer Science: # Volume 359, 1987, S.40 – S.59

O'Neil;O'Neil, 2001
Patrick O'Neil; Elizabeth O'Neil: Database: Principles, Programming, and Performance, 2.Auflage.- San Diego: Academic Press, 2001. ISBN 1-55860-580-0

O'Neil;O'Neil;Wu, 2007
Patrick O'Neil; Elizabeth O'Neil; Kesheng Wu: Bitmap Index Design Choices and Their Performance Implications. In: 11th International Database Engineering and Applications Symposium (IDEAS 2007), 2007, S.72 – S.84

Ozbutun, 1997

Cetin Ozbutun: Bitmap Indexes, Oracle 7.3 and 8.0, 1997.- URL:

https://metalink.oracle.com/metalink/plsql/docs/9706_BIT.PDF, [Stand 04/06/2008]

Ramakrishnan;Gehrke, 2002

Raghu Ramakrishnan; Johannes Gehrke: Databse Management Systems.
International Student Edtion, 3.Auflage.- New York: McGraw-Hill, 2002.
ISBN 0071151109

StatistikAustria1, 2007

Statistik Austria: Bevölkerung 2001 nach Religionsbekenntis, Staatsangehörigkeit
und Bundesländern, 2007.- URL:

http://www.statistik.at/web_de/static/bevoelkerung_2001_nach_religionsbekenntis_s
taatsangehoerigkeit_und_bundesl_022895.pdf, [Stand 24/05/2008].

StatistikAustria2, 2007

Statistik Austria: Bevölkerung Bevölkerung 2001 nach Alter, Familienstand und
Geschlecht, 2007.- URL:

http://www.statistik.at/web_de/static/bevoelkerung_2001_nach_alter_familienstand_
und_geschlecht_022888.pdf, [Stand 24/05/2008].

Wu;Buchmann, 1998

M.-C. Wu, A.P. Buchmann: Encoded Bitmap Indexing for Data Warehouses. In:
14th International Conference on Data Engineering (ICDE'98), 1998, S.220

Wu;Otoo;Shoshani, 2002

Kesheng Wu; Ekow J. Otoo; Arie Shoshani: Compressing Bitmap Indexes for Faster
Search Operations. In: Proceedings of the 14th International Conference on Scientific
and Statistical Database Management: IEEE, 2002, S.99 – S.108

Wu;Otoo;Shoshani, 2004

Kesheng Wu; Ekow J. Otoo; Arie Shoshani: On the Performance of Bitmap Indices for High Cardinality Attributes. In: Proceedings of the 30th International Conference on VLDB.- Toronto, 2004, S.24 - S.45

Wu;Otoo;Shoshani;Nordberg, 2001

Kesheng Wu; Ekow J. Otoo; Arie Shoshani; Henrik Nordberg: Notes on Design and Implementation of Compressed Bit Vectors. In: Technical Report LBNL PUB-3161, Lawrence Berkeley National Laboratory, 2001

A ANHANG

Im Anhang befinden sich die benötigten PL/SQL Skripte für die Durchführung der Fallstudie von Kapitel 5 .

A.1 Erstellen der Tabelle buerger

```
create table buerger
( persid          number(8),
  vorname         varchar2(30),
  nachname        varchar2(30),
  strasse         varchar2(30),
  plz             varchar2(10),
  ort             varchar2(30),
  bundesland      varchar2(20),
  familienstand   varchar2(20),
  geschlecht      varchar2(10),
  job_status      varchar2(20),
  religion        varchar2(20),
  einkommen       number(6)
);

create sequence persid_seq start with 1000000;
```

A.2 Prozedur: Füllen mit Zufallswerten

```
create or replace
PROCEDURE INSERT_BUERGER( anzahl IN NUMBER)
AS
  v_rand         number;
  v_bundesland   varchar2(20);
  v_famstand     varchar2(20);
  v_geschlecht   varchar2(20);
  v_job          varchar2(20);
  v_religion     varchar2(20);
  v_i            varchar2(10);
  v_plz          varchar2(10);
  v_ek           number(6);
```

```
BEGIN
--Tabelle mit zufälligen Werten füllen
  for i in 1.. anzahl loop

-- Bundesländerwerte populieren
  v_rand := round(dbms_random.value(1,20),0);
  if      v_rand < 5 then
    v_bundesland := 'WIEN';                       --20%
  elsif v_rand < 9 then
    v_bundesland := 'NIEDEROESTERREICH';  --20%
  elsif v_rand < 12 then
    v_bundesland := 'OBEROESTERREICH';    --15%
  elsif v_rand < 15 then
    v_bundesland := 'STEIERMARK';            --15%
  elsif v_rand < 17 then
    v_bundesland := 'TIROL';                    --10%
  elsif v_rand < 18 then
    v_bundesland := 'SALZBURG';               --5%
  elsif v_rand < 19 then
    v_bundesland := 'VORARLBERG';            --5%
  elsif v_rand < 20 then
    v_bundesland := 'KAERNTEN';               --5%
  else
    v_bundesland := 'BURGENLAND';            --5%
  end if;


-- Familienstandswerte populieren
  v_rand := round(dbms_random.value(1,20),0);
  if      v_rand < 9 then
    v_famstand := 'LEDIG'; --40%
  elsif v_rand < 17 then
    v_famstand := 'VERHEIRATET'; --40%
  elsif v_rand < 19 then
    v_famstand := 'GESCHIEDEN'; --10%
  else
    v_famstand := 'VERWITWET'; --10%
  end if;
```

```
-- Geschlecht populieren
v_rand := round(dbms_random.value(1,2),0);
if v_rand = 1 then
  v_geschlecht := 'MAENNLICH';
 else
  v_geschlecht := 'WEIBLICH';
end if;


-- Jobstatuswerte populieren
v_rand := round(dbms_random.value(1,20),0);
if      v_rand < 11 then
  v_job := 'ERWERBSTAETIG'; --50%
 elsif v_rand < 15 then
  v_job := 'SCHUELER'; --20%
 elsif v_rand < 16 then
  v_job := 'STUDENT'; --5%
 elsif v_rand < 17 then
  v_job := 'ARBEITSLOS'; --5%
 else
  v_job := 'PENSION'; --20%
end if;


-- Religionswerte populieren
v_rand := round(dbms_random.value(1,20),0);
if      v_rand < 15 then
  v_religion := 'KATHOLISCH'; --70%
 elsif v_rand < 16 then
  v_religion := 'EVANGELISCH'; --5%
 elsif v_rand < 19 then
  v_religion := 'ANDERE'; --15%
 else
  v_religion := NULL; --10%
end if;


-- Restliche Werte ermitteln...
v_i   := i;
v_plz := to_char(round(dbms_random.value(1000,9999)));
v_ek  := round(dbms_random.value(500, 100000));
```

```
insert into buerger
(persid, vorname, nachname, strasse, plz, ort, bundesland,
familienstand, geschlecht, job_status, religion, einkommen)
values
    ( persid_seq.nextval,                         -- PersID, PK
      'Muster_VorName_' || mod(v_i,100),          -- Vorname
      'Muster_NachName_' || mod(v_i,1000),        -- Nachname
      'Muster_Strasse_' || v_i,                   -- Strasse
      v_plz,                                      -- PLZ
      'Muster_Ort_' || mod(v_i,5000),             -- Ort
      v_bundesland,                               -- Bundesland
      v_famstand,                                 -- Familienstand
      v_geschlecht,                               -- Geschlecht
      v_job,                                      -- Job_Status
      v_religion,                                 -- Religion
      v_ek                                        -- Einkommen
    );

  end loop;
  commit;


END INSERT_BUERGER;
```

A.3 Befüllen und vervielfältigen der Tabelle

```
-- Erstbefüllung der Tabelle buerger
execute insert_buerger(8000000);
-- Primary Key für Tabelle buerger
alter table buerger add constraint buerger_pk primary key (persid);


-- Buerger duplizieren  _x = B-Tree
create table buerger_x as select * from buerger;
-- (B-Tree) Indizes für buerger_x erstellen
alter table buerger_x add constraint buerger_x_pk primary key
(persid);
create index buland_x on buerger_x(bundesland);
create index fstand_x on buerger_x(familienstand);
create index geschl_x on buerger_x(geschlecht);
create index job_x on buerger_x(job_status);
```

```
create index reli_x on buerger_x(religion);
create index vorname_x on buerger_x(vorname);
create index nachname_x on buerger_x(nachname);
create index plz_x on buerger_x(plz);
create index einkommen_x on buerger_x(einkommen);


-- Buerger duplizieren   _bix = Bitmap Index
create table buerger_bix as select * from buerger;
-- (Bitmap) Indizes für buerger_bix erstellen
alter table buerger_bix add constraint buerger_bix_pk primary key
(persid);
create index buland_bix on buerger_bix(bundesland);
create index fstand_bix on buerger_bix(familienstand);
create index geschl_bix on buerger_bix(geschlecht);
create index job_bix on buerger_bix(job_status);
create index reli_bix on buerger_bix(religion);
create index vorname_bix on buerger_bix(vorname);
create index nachname_bix on buerger_bix(nachname);
create index plz_bix on buerger_bix(plz);
create index einkommen_bix on buerger_bix(einkommen);
```

A.4 Erzeugen von Statistiken

```
connect / as sysdba


-- allgemeine Schema-Statistiken erzeugen...
exec dbms_stats.gather_schema_stats('SCOTT');


-- Spalten-Histogramme für BUERGER_X_BIX erzeugen...
exec dbms_stats.gather_table_stats('SCOTT', 'BUERGER_BIX',
method_opt => 'FOR ALL COLUMNS SIZE SKEWONLY');
exec dbms_stats.gather_table_stats('SCOTT', 'BUERGER_X', method_opt
=> 'FOR ALL COLUMNS SIZE SKEWONLY');


connect scott/tiger
```

A.5 Abfrage: Zählen mit zwei Dimensionen

```
--Abfrage 1 mit einer geringen Selektivität von 20% (Wien) * 70%
(katholisch) = 14%
SELECT count(*)
FROM buerger
WHERE bundesland = 'WIEN'
AND religion = 'KATHOLISCH';


--Abfrage 2 mit einer mittleren Selektivität von 15% (Steiermark) *
20% (Schüler) = 3%
SELECT count(*)
FROM buerger
WHERE bundesland = 'STEIERMARK'
AND job_status = 'SCHUELER';


--Abfrage 3 mit einer hohen Selektivität von 5% (Kärnten) * 10%
(geschieden) = 0,5%
SELECT count(*)
FROM buerger
WHERE bundesland = 'KAERNTEN'
AND familienstand = 'GESCHIEDEN';
```

A.6 Prozedur: zufällige Updates

```
create or replace
PROCEDURE UPDATE_BUERGER( anzahl IN NUMBER)
AS
    v_rand          number;
    v_bundesland    varchar2(20);
    v_persid        number;
BEGIN
--Zufällig ausgewählte Sätze mit zufälligem Bundesland updaten
    for i in 1.. anzahl loop
-- Bundesländerwerte populieren
        v_rand := round(dbms_random.value(1,20),0);
        if      v_rand < 5 then
            v_bundesland := 'WIEN';                 --20%
```

```
    elsif v_rand < 9 then
     v_bundesland := 'NIEDEROESTERREICH'; --20%
    elsif v_rand < 12 then
     v_bundesland := 'OBEROESTERREICH';   --15%
    elsif v_rand < 15 then
     v_bundesland := 'STEIERMARK';        --15%
    elsif v_rand < 17 then
     v_bundesland := 'TIROL';             --10%
    elsif v_rand < 18 then
     v_bundesland := 'SALZBURG';          --5%
    elsif v_rand < 19 then
     v_bundesland := 'VORARLBERG';        --5%
    elsif v_rand < 20 then
     v_bundesland := 'KAERNTEN';          --5%
    else
     v_bundesland := 'BURGENLAND';        --5%
    end if;


    -- Random PK Wert ermitteln
    v_persid := round(dbms_random.value(1000000, 8999999));


    update buerger
        set bundesland = v_bundesland      -- Bundesland
        where persid = v_persid;           -- Persid / PK


  end loop;
  commit;


END UPDATE_BUERGER;
```

A.7 Prozedur: zufällige Deletes

```
create or replace
PROCEDURE DELETE_BUERGER( anzahl IN NUMBER)
AS
    v_rand          number;
    v_persid        number;
    v_rows          number := 0;
    v_loops         number := 0;


BEGIN
--Aus der Tabelle zufällige PK-Werte entfernen...
    WHILE v_rows < anzahl LOOP
        v_rand := round(dbms_random.value(1000000,8999999),0);
        delete from buerger where persid = v_rand;
        v_rows := v_rows + sql%rowcount;
        v_loops := v_loops +1;
    END LOOP;


    dbms_output.put_line('ROWS removed from BUERGER: ' || v_rows || '
DELETE Statements: '|| v_loops);

END DELETE_BUERGER;
```